Hans Kottemann

Der Weg zur Entstehung des Christus-Dogmas von Chalcedon

Christologische Auseinandersetzungen im Rahmen der alten Kirche

GRIN Verlag

Bibliografische Information der Deutschen Nationalbibliothek:

Die Deutsche Bibliothek verzeichnet diese Publikation in der Deutschen National-
bibliografie; detaillierte bibliografische Daten sind im Internet über http://dnb.d-
nb.de/ abrufbar.

Impressum:

Copyright © 2009 GRIN Verlag GmbH
Druck und Bindung: Books on Demand GmbH, Norderstedt Germany
ISBN: 978-3-656-06102-1

Dieses Buch bei GRIN:

http://www.grin.com/de/e-book/182080/der-weg-zur-entstehung-des-christus-
dogmas-von-chalcedon

GRIN - Your knowledge has value

Der GRIN Verlag publiziert seit 1998 wissenschaftliche Arbeiten von Studenten, Hochschullehrern und anderen Akademikern als eBook und gedrucktes Buch. Die Verlagswebsite www.grin.com ist die ideale Plattform zur Veröffentlichung von Hausarbeiten, Abschlussarbeiten, wissenschaftlichen Aufsätzen, Dissertationen und Fachbüchern.

Besuchen Sie uns im Internet:

http://www.grin.com/

http://www.facebook.com/grincom

http://www.twitter.com/grin_com

Institut für Soziale Arbeit, Bildungs– und Sportwissenschaften (ISBS)

Studiengang: BA Soziale Arbeit in Humandiensten

Hochschule Vechta – Universität –

Ausarbeitung zum Referat vom 15. Juli 2009 mit dem Thema:
Der Weg zur Entstehung des Christus–Dogmas von Chalcedon
– Christologische Auseinandersetzungen im Rahmen der alten Kirche –

im Rahmes des Seminars
"IHR ABER, FÜR WEN HALTET IHR MICH?" (MT 16,15)
CHRISTOLOGIE UND SOTERIOLOGIE
(Modulbezeichnung KT 8.2)

vorgelegt von:

Hans H. Kottemann
im 6. Fachsemester / Sommersemester 2009

am: 25. August 2009

Inhaltsverzeichnis

1 Einführung

„Das spezifische des christlichen Glaubens ist nicht die bloße Überzeugung von einem lebendigen Gott, sondern der Glaube an den Gott, den Jesus von Nazareth uns erschlossen, an den Gott, der sich uns in Jesu Schicksal kundgetan hat"[1], so die einführenden Worte von Theodor Schneider in das zweite Kapitel seines Buches „Was wir glauben – eine Auslegung des Apostolischen Glaubensbekenntnisses". Davon ausgehend, dass sich Gott den Menschen eben durch Jesus und sein Schicksal offenbart hat und sich auch heute noch Christen in ihrem Leben von der Gegenwart Jesu Christi bestimmen lassen, zeigt, dass Jesu „mehr als eine Figur der Vergangenheit, mehr als ein moralisches Vorbild"[2] ist. Hier wird deutlich: zu einer Auseinandersetzung mit dem christlichen Glauben gehört damit ganz zentral die Frage danach wer Jesus von Nazareth war und was er eigentlich wollte um somit die heutige Bedeutung von ihm, im Leben derer, die ihr Leben von seiner Gegenwart bestimmen lassen, zu verstehen.[3] Zudem ist, um die Bedeutung Jesu für „seine" Gemeinschaft vollends zu verstehen, nicht nur ein Blick auf die Historie und seine Botschaft notwendig. Viel mehr ist, um das Wirken von Jesus und Botschaft in der Gesamtheit zu verstehen, auch eine Auseinanderssetzung mit der Bedeutung seines Todes am Kreuz, sowie der Entstehung des Glaubens an seine Auferstehung notwendig. Dem Christus–Dogma des Konzils von Chalcedon (451), welches eben ein entscheidender Schlüssel auf dem Weg zum Verständnis des Wirkens und der Botschaft von Jesus ist, geht eine längere christologische Debatte mit entscheidenden Impulsen von mehreren altkirchlichen Konzilien voraus. Ziel dieser Ausarbeitung ist es, sich eben mit der theologischen Vorgeschichte, die zum Christus–Dogma des Konzils von Chalcedon führte, zu beschäftigen. Dafür werden innerhalb dieser Ausarbeitung zentrale Lehren und Strömungen, die letztendlich zur Entstehung jenes Christus–Dogmas beigetragen haben

---

[1] Schneider, Theodor: Was wir glauben, Düsseldorf: Patmos Verlag, ⁵1998, S. 186.

[2] Tück, Jan-Heiner: Jesus Christus – Gottes Heil für uns – eine dogmatische Skizze, in: Hotze, Gerhard; Nicklas, Tobias; Tomberg, Markus; Tück, Jan-Heiner: Jesus begegnen – Zugänge zur Christologie Freiburg im Breisgau: Herder, 2007, S. 119 - 176, hier S. 119.

[3] Vgl. ebd.

wie z.B. der Arianismus oder der Appolinarismus, dargestellt und kritisch reflektiert. Um diese jedoch korrekt einordnen zu können ist vorweg eine einführende Auseinandersetzung um das Heilswirken und die Person von Jesus notwendig.

2 Grundlagen der Christologie

Die Frage danach wer Jesus von Nazareth war, lässt sich auf rein historischer Ebene nicht vollständig ergründen. Denn auch die ältesten Quellen über Jesus, zu denen das Markusevangelium, die Redenquelle Q, sowie wahrscheinlich Teile des Thomas–evangeliums zählen, bieten nicht das Datenmaterial, was für eine historisch zuverlässige Biographie von Jesus notwendig wäre, da keines der Quellen eine rein chronologische Darstellung des Lebens Jesu vornimmt. Zudem sind die Quellen nicht primär auf eine (rein) geschichtliche Wiedergabe des Lebens Jesu ausgerichtet.[4] Die Evangelien berichten zwar von Jesus, „indem sie von seinem Leben, seinem Tod und seiner Auferweckung erzählen"[5], die Intention ist aber viel mehr eine „theologische Deutung des Lebens und Wirkens Jesu"[6]. Die Entstehung des Glaubens an die Auferstehung Jesu Christi beginnt jedoch erst mit der Begegnung der Jünger mit dem Auferstandenen. Diese, wie z.B. die von Kleopas und einem weiteren Jünger einen Tag nach Pessach, auf dem Weg von Jerusalem nach Emmaus, vermittelt die Erkenntnis: Jesus lebt! (vgl. LK 24, 31). Sein Tod bedeutete damit nicht das Ende, sondern eröffnet eine neue Dimension. Denn er war der Messias, der leiden musste und am dritten Tage von dem Toten auferstanden ist, damit gepredigt werde in seinem Namen Buße zur Vergebung der Sünden unter allen Völkern, wie von ihm geschrieben steht im Gesetz des Mose, in den Propheten und in den Psalmen (vgl. Lk 24, 42). Schon bald nach seinem Tod und der Erfahrung seiner Auferstehung werden Jesus diverse Hoheitstitel zugeschrieben, wie z.B. Christus, Herr oder auch Sohn,

---

[4] Vgl. Nicklas, Tobias: Wer war Jesus von Nazaret? Jesus im Spiegel der Evangelien, in:
      Hotze, Gerhard; Nicklas, Tobias; Tomberg, Markus; Tück, Jan-Heiner: Jesus begegnen – Zugänge zur Christologie,
      Freiburg im Breisgau: Herder, 2007, S. 7 - 78, hier S. 10

[5] Tück,, S. 121.

[6] Nicklas, S. 9.

„die seine Einzigkeit und Göttlichkeit zum Ausdruck bringen",[7] um somit auch auf diese Weise den Glauben an den auferweckten Jesus zu bekunden.[8] Diese Hoheitstitel sind in einer Linie mit den diversen Bekenntnisformeln zu sehen, mit denen die Christen der Urkirche ihren Glauben an Jesus zum Ausdruck brachten, wie z.b. der Auferweckungs–formel (Röm 10,9), in der die Ostererfahrung, also dass Jesus auferstanden ist, kurz wiedergegeben wird.[9]

Trotz der geschilderten Problematik, dass kaum verlässliche Quellen zur Erstellung einer Biographie von Jesus vorhanden sind und viele der verfügbaren Quellen eben die Glaubenserfahrung in den Vordergrund stellen, lassen sich doch einige (entscheidende) Grundlinien des Lebens Jesu und seiner Botschaft nachzeichnen.[10] Aus diesen ergibt sich auch, dass er Mensch Jesus von Nazareth ein zutiefst jüdischer Mensch war und als solcher seine Wurzel im vielfältigen und lebendigen gelebten Judentum seiner Zeit und seines Umfelds fand.[11] Daher sind sowohl seine Botschaft, als auch die Deutung seiner Gestalt durch seine Anhänger, vor dem Hintergrund jüdischen Denkens zu verstehen. Die Bedeutung und Tragweite der Hoheitstitel, die Jesu zugeschrieben werden, wie z.B. Christus oder Sohn Gottes können daher ebenfalls nur verstanden werden, wenn man sich mit der Bedeutung der Begriffe im Kontext des jüdischern Hintergrundes beschäftigt.

Durch die Zuschreibung von Hoheitstiteln und das Betonen der heilsgeschichtlichen Bedeutung vom Tod und Auferstehung Jesu durch die Evangelien und der ersten nachösterlichen Gemeinde wird eben die „heilsgeschichtliche Sicht der Wirklichkeit"[12] im Kontext jüdischen Verstehens in den Vordergrund gerückt.[13] Der Tod und die

---

[7] Tück, Jan-Heiner, 2007, S. 121.

[8] Vgl. Hotze, Gerhard: Das Christusbekenntnis im Neuen Testament, in:
Hotze, Gerhard; Nicklas, Tobias; Tomberg, Markus; Tück, Jan-Heiner: Jesus begegnen – Zugänge zur Christologie, Freiburg im Breisgau: Herder, 2007, S. 79 - 118, hier S. 83.

[9] Vgl. Hotze, S. 80.

[10] Vgl. Nicklas, S. 9.

[11] Vgl. ebd., S. 31.

[12] Tück, S.121.

[13] Nicklas, S. 8.

Auferstehung Jesu werden somit als heilsbringende Botschaft verkündigt. Jedoch bleibt hierbei die Frage, wie sich eben diese heilsbringende Botschaft[14] erklären lässt. Denn Jesus wird u.a. mit dem Hoheitstitel Christus bezeichnet, was die griechische Übersetzung des Begriffes vom hebräischen Wort Messias ist, und zu Deutsch der Gesalbte bedeutet.[15] Dieser Begriff wurde ursprünglich für die regierenden Könige Israels (aus dem Hause Davids) gebraucht, die bei Übernahme ihres Amtes mit heiligem Öl, als Zeichen ihrer besonderen Nähe zu Gott gesalbt wurde. Später wurde der Begriff des Messias zunehmend mit einer Rettergestalt in Verbindung gebracht, unter deren Führung eine neue Welt anbrechen sollte.[16] Vor diesem Hintergrund ist die Gefahr durchaus gegeben, Jesus allein als triumphierenden König sehen zu wollen und dabei sein Leiden am Kreuz dabei zu übersehen, was jedoch ein zentraler Teil seiner Botschaft ist. Jesus lässt sich in seiner Gesamtheit eben nicht nur durch seine Wundertaten und seine Worte verstehen. Das Leiden und Sterben am Kreuz ist zentraler Teil seiner Botschaft. [17]

Jedoch widerspricht gerade die Vorstellung einen „Gekreuzigten als Gottes Gesalbten zu verkündigen"[18] eben der Erwartung und der Vorstellung an einen von Gott Gesalbten. Der Apostel Paulus stellt sich dieser Spannung und verkündigt Jesus als Messias Gottes, als den, „der „nicht mehr stirbt" (Röm. 6,9), zugleich weiterhin als den, der hingerichtet wurde und gestorben ist – offenbar auch Letzteres mit bleibender Gültigkeit"[19], durchaus in dem Bewusstsein, dass dieses eine Provokation für die Frömmigkeit des Juden ist, da der Tod am Kreuz nur für Verbrecher zugedacht ist, und eine „Torheit für die von der Philosophie oder vom Polytheismus geprägten Heiden" ist.[20] Ein Versuch den Kreuzestod plausibel zu

---

[14] Vgl. Hotze, S. 95.

[15] Vgl. ebd., S. 83.

[16] Vgl. Nicklas, S. 42.

[17] Vgl. ebd.

[18] Ebd.

[19] Hotze, S. 97

[20] Ebd.

machen unternimmt Paulus nicht, der Kreuzestod Jesu bleibt ein finsteres Ereignis und behält damit seine Anstößigkeit. [21] Paulus hat die Ostererfahrung der Jünger zu einer Theologie weiterentwickelt, bei der es im Wesentlichen um die Bedeutung des Kreuzes und dessen Heilsbedeutung für die Menschheit geht. Durch eben diese Auseinandersetzung mit der Botschaft Jesu und seiner zahlreichen Missionsreisen, trug Paulus entscheidend zur Ausbreitung des Glaubens in der damals bekannten Welt bei. [22]

Jedoch ergeben sich mit der Verbreitung des Christentums in den hellenistischen Raum hinein neue Herausforderungen: Der Gott der Bibel, welcher durch seinen Sohn Jesus berührbar geworden ist, offenbart sich den Menschen immer wieder neu in der Geschichte die er mit den Menschen schreibt. Gott wendet sich in seiner Liebe den Menschen zu und durch den Opfertod von Jesus ist der Abstand zwischen Gott und den Menschen überbrückt. Diese heilgeschichtliche Betrachtung des Todes Jesu zeigt zwar einerseits dem Menschen seine Unvollkommenheit auf, bieten im aber eben darin eine Quelle, aus welcher er neu leben kann. [23] Dem hingegen steht die hellenistische Denkweise im Raum, nach welcher ein unendlicher Abstand zwischen der „göttlichen" und der „menschlichen" Welt existiert. [24] Der Gott der Bibel ist jedoch kein unpersönlicher, unnahbarer Gott, sondern ein Gott, der uns durch den Opfertod seines Sohnes Jesus entgegengekommen ist bis einen Schritt vom nichts, zum greifen nah vor unseren Augen. Dieses bringt im Kontext hellenistischer Denkweise, nach der das Göttliche etwas Fernes, Ungreifbares ist, die Frage auf wie das Greifbarwerden Gottes durch seine Menschwerdung mit der Transzendenz Gottes vereinbar ist. [25]

---

[21] Vgl. ebd., S. 97.

[22] Vgl. ebd., S. 91.

[23] Vgl. Tück, S. 121.

[24] Vgl. ebd.

[25] Vgl. Tück, S. 122.

3 Christologische Logos–Modelle

Die Schwierigkeit Jesus als Christus und den Sohn Gottes anzusehen ist somit immanent. Die im zweiten und dritten Jahrhundert aufkommenden „Lösungsansätze" hierfür lassen sich in vier Typologien unterscheiden, dem Monoarchianismus, dem Adoptianismus, dem gnostischen Doketismus und dem Subordinatianismus. [26] Allen diesen Ansätzen bleibt die Frage gemein, wie das Verhältnis zwischen Vater und Sohn und dem Heiligen Geist zu sehen ist, wenn alle gleichwertig Gott sind, da der christliche Glaube bekennt, dass der Gott, der sich den Menschen in Jesus offenbart hat, Vater, Sohn und Heiliger Geist und dennoch ein Gott ist. [27]

Der Presbyter Arius, ein christlicher Presbyter aus Alexandrien im 3. Jahrhundert nach Christus greift den Gedanken, dass die Einheit Gottes radikal ernst genommen werden muss auf und entwickelt auf Basis dessen seine Theologie. „Wenn es also in dem sich offenbarenden Gott eine Vielheit und Differenz, also ein Unterschiedensein von Vater und Sohn gibt, dann kann diese nicht im Absoluten selbst sein, sondern muss dem Kreatürlichen angehören" [28], so die Überlegungen des Arius zur Person Jesu zusammengefasst. Arius geht bei der Person Jesu von einem Schöpfungsmittler aus, basierend auf der Annahme, dass ein absoluter Gott nicht unmittelbar in die Welt hineintreten kann, sondern nur durch eine Zwischeninstanz, in diesem Fall durch das Wort Gottes, dem Logos, „das vollendete Geschöpf, dem Ebenbild des unsichtbaren Gottes" [29], welcher aber „nur" als Mittler Gottes und nicht als Teil Gottes zu sehen ist. Arius bestreitet damit die wahre Göttlichkeit des Sohnes und schreibt ihm in der Rolle des Schöpfungsmittlers eher die Rolle eines zweiten Gottes zu. [30] Dieses Modell, diese Art von Rollenzuschreibung findet sich zusammengefasst unter dem Begriff des

---

[26] Vgl. ebd.

[27] Vgl. Schatz, Klaus: Allgemeine Konzilien – Brennpunkte der Kirchengeschichte, Paderborn: Schöningh, 1997, S. 27.

[28] Schatz, S. 28.

[29] Ebd.

[30] Vgl. Tück, S.128.

Subordinationismus wieder, einem Denkmodell bei dem der Sohn dem Vater untergeordnet wird, um die Einheit und die Transzendenz Gottes zu wahren.[31] Dieses Denkweise findet nicht nur Anhänger innerhalb der Kirche, kollidiert es mit dem christlichen Bekenntnis, „dass der sich offenbarende Gott Vater, Sohn und Heiliger Geist war und dabei doch ein Gott".[32] Diese Infragestellung des christlichen Trinitätsbekenntnisses führt die Kirche in eine Krise, die nach Klärung verlangt, denn Arius, wortmächtiger Prediger mit vielen Anhängern auch unter den Bischöfen, droht mit seiner Lehre die Einheit der Kirche zu gefährden.[33]

Nach einem erfolglosen Versuch von Ossisus von Cordoba, dem theologischen Berater von Kaiser Konstantin, auf der Synode von Antiochien im Jahre 325 die Krise beizulegen, lädt Kaiser Konstantin, da die Krise machtpolitische Dimensionen anzunehmen droht, zum Konzil nach Nizäa, wo die Lehre des Arius, dass der Sohn nicht Gott, sondern nur ein Geschöpf des Vaters sei, zurückgewiesen wird.[34] In dem auf dem Konzil von Nizäa verabschiedeten Glaubenbekenntnis heißt es folglich: „Wir glauben ... an den einen Herrn Jesus Christus, den Sohn Gottes, als Einziggeborener aus dem Vater gezeugt, das heißt aus dem Wesen des Vaters, Gott aus Gott, Licht aus Licht, wahrer Gott aus wahren Gott, gezeugt und nicht geschaffen, wesensgleich dem Vater durch den alles geworden ist....".[35] Durch dieses Glaubensbekenntnis wird die (uneingeschränkte) Trinität Gottes festgelegt. Die Textpassagen „Einziggeborener aus dem Vater gezeugt", „wahrer Gott aus wahrem Gott", „gezeugt und nicht geschaffen", sowie „wesensgleich dem Vater" wird das kirchliche Bekenntnis zu Jesus Christus zementiert: „In Jesus Christus ist Gott selbst nahe gekommen, der Sohn ist um unseres Heiles wegen Mensch geworden."[36] Damit wird die

---

[31] Vgl. Tück, S.126.

[32] Schatz, S. 27.

[33] Vgl. Tück, S.126.

[34] Vgl. Tück, S.127.

[35] DH 126.

[36] Tück, S.129.

Lehrmeinung des Arius verworfen und eindeutig klar gestellt: Jesus Christus wird nicht nur so bezeichnet, sondern ist wirklich der Sohn des lebendigen Gottes.

Nach dieser klaren Festelegung der Konzils von Nizäa (325) zur Verhältnisbestimmung des Vaters zum Sohn rückt ein anderes „Problem" in der Mittelpunkt der christologischen Diskussion, nämlich die Frage wie Christus, dessen Gottheit auf dem Konzil von Nizäa festgelegt wurde, neben Gott noch Mensch sein kann und falls er neben Gott tatsächlich auch Mensch ist, wie eine Einheit dieser zwei Naturen in einer Person denkbar ist.

3.1 Das Logos–Sarx Modell unter Appolinaris von Laudicaea

Appolinaris, Bischof von Laudicaea (+ 390), strenger Verfechter der Beschlüsse des Konzils von Nizäa[37] greift das Problem, wie die „göttliche und die menschliche Wirklichkeit in Christus zusammengehen"[38] können, gezielt auf. Er widersetzt sich in dem von ihm betriebenen Modell der Vorstellung, dass Jesus „nur" ein göttlich inspirierter Mensch gewesen sei, die Göttlichkeit von Christus steht für ihn unmittelbar fest: „Wenn Gott im Menschen wirkt, kommt ein Prophet zustande oder ein Apostel, nicht aber der Erlöser der Welt. Christus aber ist der Erlöser der Welt, also kam Christus nicht dadurch zustande, dass Gott in einem Menschen wirkte." [39] Wie sich hieraus ableiten lässt, besteht für Appolinaris aus heilgeschichtlicher Überzeugung die Notwendigkeit darin, dass Gott selber Mensch geworden ist. Um dieses, sowie die Frage wie Jesus gleichzeitig Gott und Mensch in einer Person sein kann zu beantworten, greift Appolinaris auf die These zurück, dass Jesus eine „Leib–Seele–Einheit" ist, bei der das lebendige Wort Gottes (Logos), welches nach Joh. 1.14 wirklich Fleisch geworden ist, die menschliche Seele ersetzt, um somit die wesenhaft und substantielle Einheit der Person Jesu zu wahren.[40] Dieses Denk– modell, auch als Appolinarismus bekannt, führt jedoch zu einer Verkürzung der

---

[37] Vgl. Menke, Karl-Heinz: Jesus ist Gott der Sohn – Denkformen und Brennpunkte der Christologie, Regensburg: Friedrich Pustet Verlag, 2008, S. 231.

[38] Tück, S.132.

[39] Ebd., S.133.

[40] Vgl. Menke, S. 231.

Menschheit Jesu. Denn nach diesem Denkmodell war Jesus „kein von Gott bewegter
Mensch, sondern ein mit Gott verbundener Leib".[41] Dieses wiederum birgt folgende
Problematik in sich: Wenn bei der Menschwerdung Gottes der menschliche Geist durch
einen göttlichen ersetzt wird, kann eben dieser, da er in der Person Jesu nicht vorhanden
ist, auch nicht durch seinen Sühnetod am Kreuz erlöst werden,[42] so dass die Lehre des
Appolinaris und seiner Anhänger von römischen Bischof Damasus I. als widersprüchlich
zu der der Kirche eingestuft wird: „Wenn nun allerdings der Mensch unvollkommen
angenommen wurde, ist das Geschenk Gottes unvollkommen, unser Heil unvollkommen,
weil nicht der ganze Mensch gerettet ist."[43] Eine Verurteilung des Appolinarismus erfolgte
jedoch erst 381 auf dem Konzil von Konstantinopel.[44]

3.2 Das Logos–Antropos–Modell alexandrinischer und antiochenischer Schule

Ausgehend von der Verurteilung des Appolinarismus und der Festlegung, dass Jesus
sowohl vollständige Gottheit als auch vollständige Menschheit in einer Person vereint[45],
bleibt die Frage offen, wie dieses möglich ist. Es bilden sich in der Diskussion darum zwei
zentrale Denkmodelle heraus, die „Trennungschristologie"[46] der antiochenischen
Theologenschule, sowie die „Einigungschristologie"[47] der „alexandrinischen Katechetenschule."[48] Im nachfolgenden sollen beide Christologien dargestellt werden, trägt die
Auseinandersetzung zwischen den beiden verschiedenen Denkmodellen neben dem

---

[41] Tück, S.133.

[42] Vgl. ebd.

[43] DH 146.

[44] Vgl. DH 151.

[45] Vgl. DH 151.

[46] Menke, S.233.

[47] Menke, S. 220.

[48] Jedin, Hubert: Kleine Konziliengeschichte, Freiburg im Breisgau: Herder, ⁶1990, S. 22.

Appolinarismus entscheidend zur inhaltlichen Gestaltung des Christus–Dogmas des Konzils von Chalcedon mit bei.

3.2.1 Die antiochenische Christologie

Dieses Denkmodell, welches versucht die zwei Naturen in Jesus zu erklären, wurde in der von Lucian von Antiochien gegründeten Theologieschule konzipiert[49] und von verschiedenen Exegeten aus dieser Schule, wie z.b. Diodor von Tarsus (+ 394), Johannes von Chrysostomus (+ 407) Theodor von Mopsuestia (+ 428) weiterentwickelt. [50] Dieses Modell unterliegt damit einer (historischen) Entwicklung. Kennzeichnend dafür ist der Ansatz die Christologie auf eine sachliche und nüchterne Auslegung der Heiligen Schrift zurückzuführen.[51] Hierbei wird versucht „induktiv aus den biblischen Zeugnissen zu ergründen, wer Jesus als der Christus ist."[52] Diodor von Tarsus leitet aus seiner Exegese der Heiligen Schrift heraus ab, dass „der Mensch Jesus durch die Vereinigung mit dem ewigen Logos nicht verändert wurde."[53] Er wendet sich damit gegen den Appolinarismus und der These, Jesus sei „nur" ein mit Gott verbundener Leib.[54] Viel mehr sieht Diodor durch seine Exegese Jesus als jemanden an, „dem die menschlichen und göttlichen Eigenschaften beider Naturen zugeschrieben werden dürfen."[55] Diese Denkweise ist soteriologisch begründet: „Der Mensch als mit Vernunft und Willen begabte Natur ist aus seiner Sicht erst dann erlöst, wenn er selber befähigt ist, die Sünde zu besiegen."[56] Die antiochenische Christologie beharrt somit neben der göttlichen auch auf eine

---

[49]   Jedin, S.23.

[50]   Vgl. Menke, S. 242, ff.

[51]   Jedin, S.23.

[52]   Menke, S. 242.

[53]   Ebd., S. 243.

[54]   Siehe Punkt 3.1 dieser Ausarbeitung.

[55]   Menke, S. 243

[56]   Ebd., S. 245.

Vollständigkeit und einer Freiheit sowohl er menschlichen Natur in Jesus Christus. "Diese Auffassung wird deutlich in dem Bilde, dass die Antiochener für die Verbindung der göttlichen mit der menschlichen Natur gebrauchen: der Logos wohnt in dem Menschen Jesus in einem Tempel."[57] Diese nachvollziehbare Betonung der Unterschiedlichkeit beider Naturen stellt jedoch ein Problem für das Wahrnehmen von Jesus als eine Einheit aus Gott und Mensch dar und führt schließlich dazu, dass den Vertretern dieses Modells vorgeworfen wird, sie seien „Vertreter einer Zwei–Söhne– oder Zwei–Personen–Lehre"[58]

3.2.2 Die alexandrinische Christologie

Dem Versuch die Gottheit und Menschheit durch eine grammatisch und historisch (korrekte) Auslegung der Heiligenschrift zu ergründen steht das Denkmodell welches in der alexandrinschen Katechetenschule entwickelt wurde entgegen, welches sich zur Erklärung der Heiligen Schrift auf Allegorien und Spekulationen zurückgreift, was eben sowohl die Stärke als auch die Schwäche dieses Modells ist.[59] Dieses und von verschiedenen Exegeten aus dieser Schule, wie z.B. Athanasius von Alexandrien (+ 373) oder Cyrill von Alexandrien (+ 444) (weiter)entwickelte Modell unterliegt, wie die antiochenische Christologie einer historischen Entwicklung.[60] Dieses Modell bleibt weitestgehend mit der Logos–Sarx–Christologie verhaftet, betont wird jedoch entgegen dem Appolinarismus, dass der Sohn auf derselben Ebene mit dem Vater steht.[61] Auch wird in diesem Denkmodell herausgestellt, dass Gott und Mensch in Jesus eine untrennbare Einheit sind und nicht in zwei Naturen zu trennen sind: sie „stehen nicht nebeneinander, sondern bilden eine einzige Wirklichkeit, so wie das Feuer das glühende Eisen

---

[57] Jedin, S. 23.

[58] Menke, S. 245.

[59] Vgl. Jedin, D. 22 ff.

[60] Vgl. Menke, S. 242, ff.

[61] Vgl. Schatz, S. 49.

durchdringt."[62] Diese Denkweise liegt ein heilsnotwendiger Gedanke zugrunde: „Es ist ein und derselbe ewige Sohn, der ewig beim Vater war und der für uns gestorben und auferstanden ist." Nur durch diese (enge) Verbundenheit der menschlichen und göttlichen Natur in Jesus ist eine Erlösung, bei der Gott selbst der in der Erlösung Handelnde ist, gewährleistet.

3.3 Cyrill gegen Nestorius – der Zusammenprall der beiden Christologien

Die Konflikte um die unterschiedlichen christologischen Modelle, „die bereits die Kontroverse um den Appolinarismus geprägt hatten, verschärften sich"[63], um im 5. Jahrhundert schließlich in einem offen Konflikt auszubrechen. Auch bei dieser Auseinandersetzung kann man ein Verständnis für die Anliegen und Sichtweisen beider Seiten entwickeln, die schließlich auch ihre Berücksichtigung im Christus–Dogma des Konzils von Chalcedon fanden.[64] Dem Konzil von Chalcedon ging jedoch ein Kampf um der beiden Christologien voraus, der dadurch so bedeutend wurde, da dieser zu einem Machtkampf zwischen Cyrill, Vertreter der alexandrinischen Christologie und Patriarch von Alexandrien, sowie Nestorius, Vertreter der antiochenischen Christologie und Patriarch von Konstantinopel, eskalierte.[65] Diese Auseinandersetzung um die „richtige" Christologie ist daher auch im Kontext von Kämpfen „zwischen Alexandrien, das seinen Vorrang im Osten und seinen zweiten Sitz in der Gesamtkirche verteidigte (…), und Konstantinopel, das nach vorne drängte"[66] zu sehen.

Schon vor dem Amtsantritt des Nestorius als Patriarch von Konstantinopel im Jahre 428 herrschte dort eine Kontroverse über die Frage vor, ob Maria, ausgehend davon wer Jesus ist, als „Gottesgebärerin" bezeichnet werden dürfe,[67] oder ob sie nicht viel mehr, da sie

---

[62] Ebd. S. 49.

[63] Alberigo, Giuseppe: Geschichte der Konzilien – vom Nicaenum bis zum Vaticanum II Düsseldorf: Patmos Verlag, 1993, S. 85.

[64] Vgl. Schatz, S. 49.

[65] Vgl. ebd., S. 50.

[66] Vgl. ebd.

[67] Vgl. ebd. S. 51.

einen bloßen Menschen geboren habe nur als „Menschengebärerin" zu bezeichnen sei.[68] Nestorius hatte diese Auseinandersetzung also nicht verursacht, viel mehr versuchte er in dieser Problematik zu vermitteln, indem er vorschlug Maria statt als „Gottesgebärerin" bzw. „Menschengebärerin" als „Christusgebärerin" zu bezeichnen.[69] Er wandte sich gegen die Bezeichnung „Menschengebärerin", weil Maria seiner Auffassung nach mehr als einen Menschen geboren habe, verwarf aber jedoch zugleich die Bezeichnung „Gottesgebärerin", da er hinter dieser Bezeichnung den Versuch der Etablierung des appollinarischen Verständnisses der Einheit Jesu vermutete.[70] Nestorius begründet die Ablehnung der Begriffe „Menschengebärerin" und „Gottesgebärerin" eben damit, dass „das Subjekt der christologischen Hoheits– und Niedrigkeitsaussagen jeweils der eine Christus sei."[71] Die Vollständigkeit und Unvermischtheit der beiden Naturen, die Nestorius vertritt, versucht er dadurch abzusichern, indem er davon ausgeht, dass sowohl der göttliche Logos als auch der Mensch Jesus eigene Eigenschaften haben, welche durch die Menschwerdung des Logos eine neue Verbindung eingehen, aus der eine neue Einheit, Jesus Christus, mit neuen Eigenschaften entsteht. [72]

Dieser Erklärung der Verbindung der göttlichen und menschlichen Natur in Jesus widersetzte sich Cyrill. Sein Verständnis von der Person Jesu basiert auf der Formel des Appolinaris, der von der einen fleischgewordenen Natur des Logos spricht[73], wobei er jedoch davon ausgeht, dass das Logos „nicht in einem Menschen gegenwärtig wurde, sondern wahrhaftig Mensch geworden ist, wobei er doch Gott blieb, und so eine Trennung der beiden Naturen ausschloss.[74] Diese Argumentation ist heilsgeschichtlich bedingt

---

[68]   Hoping, S.104.

[69]   Vgl. Schatz, S. 51.

[70]   Vgl. Hoping, S. 104.

[71]   Vgl. ebd.

[72]   Vgl. Tück, S. 134.

[73]   Vgl. Tück, S. 134.

[74]   Vgl. Hoping, S. 106

basiert: Christus kann den Menschen nur erlösen, wenn dass göttliche den Menschen komplett durchdringt.[75] Eutyches (+ 454), ein „politisch einflussreicher, theologisch aber wenig gebildeter Mönch"[76] und ebenfalls Vertreter der alexandrinischen Theologie, radikalisiert den Ansatz von Cyrill weiter: „Ich bekenne, dass unser Herr vor der Vereinigung zwei Naturen hatte (…), nach der Vereinigung bekenne ich nur eine einzige Natur."[77] Er vertritt damit die (extreme) Position, dass Jesus nur eine Natur haben könne, was für ihn die Vorstellung, dass Jesus den Menschen wesensgleich gewesen sein solle, unmöglich macht.[78] Für Eutyches ist bei der Vereinigung des Logos mit den Menschen Jesu, die Menschelt Christi „von der Gottheit des Logos aufgesogen worden, wie ein Honigtropfen im Meer".[79]

4 Das Christus–Dogma des Konzils von Chalcedon

Nach derart unterschiedlichen Auffassungen um das (wahre) Mensch– und Gottsein von Jesus wurde im Jahr 451 ein das Konzil in Chalcedon einberufen, um dort zu einer Einigung zu dieser Problematik zu finden.[80] Das dort verabschiedete Christus–Dogma besteht aus „nur" einem einzigen Satz und stellt die Wesensgleichheit Jesu mit Gott und den Menschen, sowie Unterscheidung der göttlichen und der menschlichen Natur auch nach der Einigung fest.[81] Die Verbindung der beiden Naturen wird als „echte" Einheit festgelegt, sie ist damit weder eine Einheit, die durch Durchdringung der beiden Naturen entstanden ist, wie es die alexandrinische Theologie vorsieht, noch eine bloße rein

---

[75] Vgl. ebd. S. 105.

[76] Tück, S. 136.

[77] zitiert nach: Grillmeier, Alois: Jesus der Christus im Glauben der Kirche, Bd.1:Von der Apostolischen Zeit bis zum Konzil von Chalcedon 451, Freiburg im Breisgau: Herder, ³1990.

[78] Vgl. Tück, S. 136.

[79] Menke, S. 258.

[80] Vgl. Hoping, S. 111, ff.

[81] Vgl. Jedin, S. 29.

äußerliche Einheit, wie sie in der antiochenischen Theologie verstanden wird.[82] Das Bekenntnis stellt einen Kompromiss zwischen der alexandrinischen und der antiochenischen Christologie dar: Jesus ist eben in zwei Naturen (nicht aus zwei Naturen), die unvermischt und ungetrennt sind, zu einer Person geworden. Damit wird versucht sowohl den alexandrinischen Aspekt, dass Gott sich selbst im Leben von Jesus gegenwärtig gemacht hat zu umfassen, gerecht zu werden, als auch zugleich das antiochenische Anliegen aufzugreifen, Jesus habe eine vollständige menschliche Natur.

Somit nimmt das Christus–Dogma eine eindeutige Definition bezüglich des Gott– und Menschseins von Jesus vor: er ist eins in der bleibenden Unterschiedlichkeit zwischen Gott und Mensch.

---

[82] Vgl. ebd., S. 29.

Monographien

ALBERIGO, GIUSEPPE: Geschichte der Konzilien – vom Nicaenum bis zum Vaticanum II
Düsseldorf: Patmos Verlag, 1993

GRILLMEIER, ALOIS: Jesus der Christus im Glauben der Kirche, Bd.1: Von der
Apostolischen Zeit bis zum Konzil von Chalcedon 451,
Freiburg im Breisgau: Herder, [3]1990

HOPING, HELMUT: Einführung in die Christologie, Darmstadt: Wissenschaftliche
Buchgesellschaft, 2004

HOTZE, GERHARD; NICKLAS, TOBIAS; TOMBERG, MARKUS; TÜCK, JAN–HEINER:
Jesus begegnen – Zugänge zur Christologie, Freiburg im Breisgau: Herder, 2007

JEDIN, HUBERT: Kleine Konziliengeschichte, Freiburg im Breisgau: Herder, [6]1990

MENKE, KARL–HEINZ: Jesus ist Gott der Sohn – Denkformen und Brennpunkte der
Christologie, Regensburg: Friedrich Pustet Verlag, 2008

SCHATZ, KLAUS: Allgemeine Konzilien – Brennpunkte der Kirchengeschichte,
Paderborn: Schöningh, 1997

SCHNEIDER, THEODOR: Was wir glauben, Düsseldorf: Patmos Verlag, [5]1998